piano • vocal • guitar

John Pizzarelli
bossa nova

D0125245

Photos by Andrew Southam

ISBN 0-634-08052-0

HAL•LEONARD®
CORPORATION

7777 W. BLUEMOUND RD. P.O. BOX 13819 MILWAUKEE, WI 53213

Visit Hal Leonard Online at
www.halleonard.com

preface

I have always loved the "bossa nova." There's been something in the rhythm, the language, the harmonies that has always stirred my musical and emotional thoughts.

When I first heard Joao Gilberto's *Amoroso* album I was moved by his brilliant guitar playing and the presentation of the songs. Mr. Gilberto's singing, whether in Portuguese, Italian or English, "sold" the songs to me, even with the language barriers. And the orchestral sound of the guitar was a revelation to me. I broke down his guitar playing into two things: 1) the right hand thumb playing on the strong beats, and 2) the pointer, middle and ring fingers providing complex and wonderful rhythms against those strong beats.

In putting together my CD *Bossa Nova*, I remembered what struck me about *Amoroso* and applied it to my choices. For instance, not only does Mr. Gilberto play the standard Brazilian fare (*exquisitely*, I might add), he also found other material, such as "Estate," to *translate* into his musical language. I think my choices of James Taylor's "Your Smiling Face" and Stephen Sondheim's "I Remember" recall those translations.

Of course, no collection would be complete without the "Mount Rushmore" songs, "The Girl from Ipanema," "Desafinado," "Waters of March," "Só Danço Samba" and "One Note Samba." These songs are everything that is wonderful about Brazil and Brazilian music, much the way George Gershwin's "Fascinating Rhythm" is to the Great American Songbook.

Over the years I have been introduced to the new breed of Brazilian musicians and composers, like Toninho Horta ("Aquelas Coisas Todas") and Ivan Lins ("Love Dance"). Their contributions show how Brazilian music remains true to its roots while still moving forward.

I also contributed two compositions to the CD. "Soares Samba" is based on the chord changes in the jazz standard "Cherokee" (a nod to the fact that "Só Danço Samba" is based on the chord changes in "Take the 'A' Train"). I wrote it for Jo Soares, the king of Brazilian late night TV (who has been very generous to me in my appearances on his show). The other original is "Francesca," a guitar instrumental.

I hope this collection will provide as much inspiration as Mr. Gilberto did for me some 20 years ago on *Amoroso*.

John Pizzarelli 2004

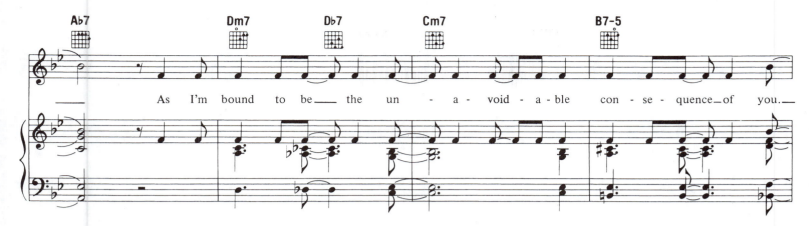

As I'm bound to be___ the un - a - void - a - ble con - se - quence___ of you.

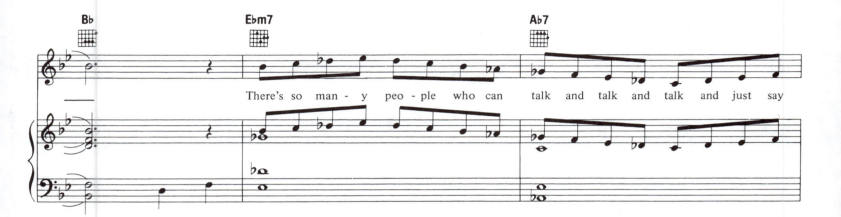

There's so man - y peo - ple who can talk and talk and talk and just say

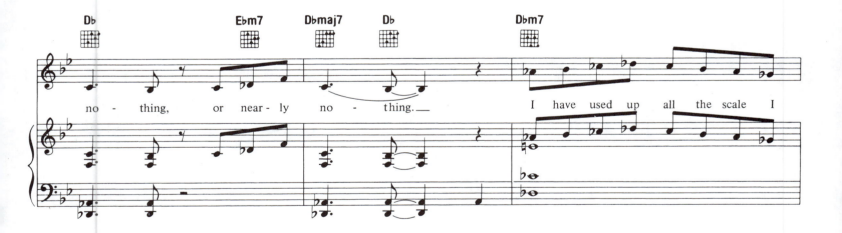

no - thing, or near - ly no - thing.___ I have used up all the scale I

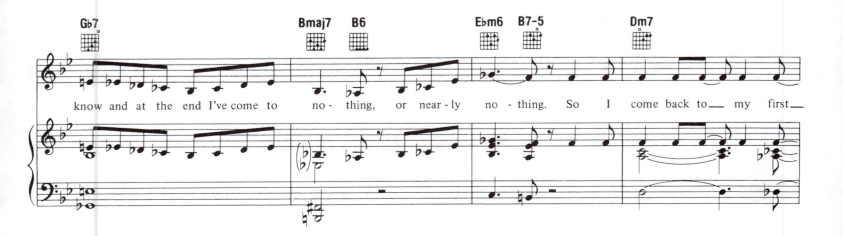

know and at the end I've come to no - thing, or near - ly no - thing. So I come back to___ my first___

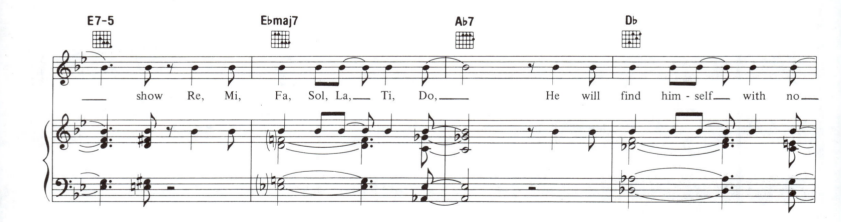

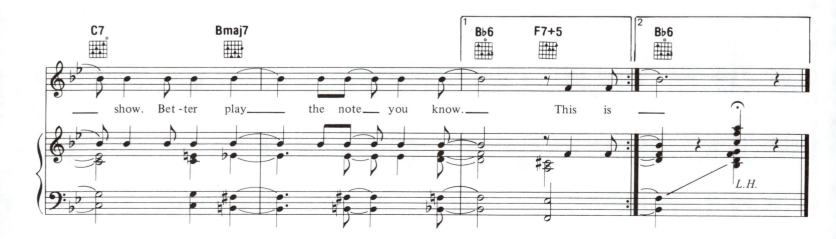

FASCINATING RHYTHM

Music and Lyrics by GEORGE GERSHWIN
and IRA GERSHWIN

out an-y warn-ing, And hangs a-round all day. I'll have to sneak up to it,

Some-day, and speak up to it, I hope it list-ens when I say:

REFRAIN

"Fas-ci-nat-ing Rhy-thm You've got me on the go! Fas-ci - nat-ing Rhy-thm I'm all a-

qui - ver. What a mess you're mak-ing! The neigh-bors want to know why I'm

al-ways shak-ing Just like a fliv-ver. Each morn-ing I get up_with the

sun, (Start a hop-ping nev-er stop-ping) To find at night, no work_has been

done. I know that once it did-n't mat-ter But

now you're do-ing wrong; When you start to pat-ter, I'm so un-hap-py.

Won't you take a day off? De - cide to run a-long Some-where far a-way off, And make it

snap-py! Oh, how I long to be __ the man I used to be!

Fas-ci-nat-ing Rhy-thm, Oh, won't you stop pick-ing on me!"

me!"

THE GIRL FROM IPANEMA
(Garôta de Ipanema)

Music by ANTONIO CARLOS JOBIM
English Words by NORMAN GIMBEL
Original Words by VINICIUS DE MORAES

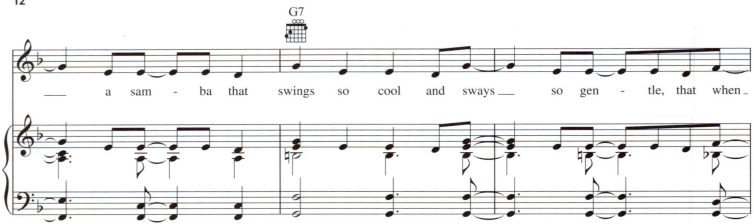

a sam - ba that swings so cool and sways ___ so gen - tle, that when ___

{ she pass - es, each one ___ she } pass - es goes "a-a-h!" ___
{ he pass - es, each girl ___ he }

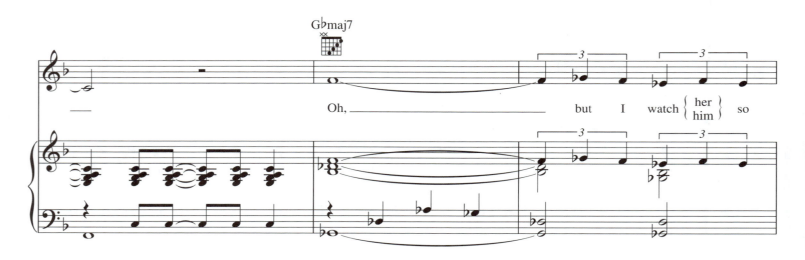

Oh, _____ but I watch { her } so
                                 { him }

sad - ly. _____ How ___

can I tell {her him} I love {her?___ him?___} Yes,___

___ I would give my heart glad - ly, ___

but each day when {she he} walks to the sea, {she he}

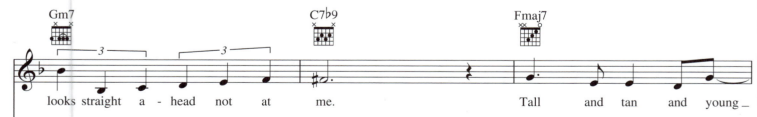

looks straight a - head not at me. Tall and tan and young___

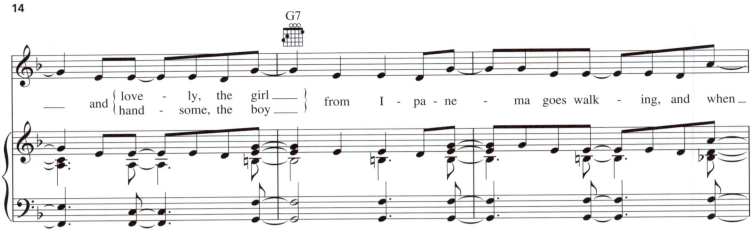

and { love - ly, the girl ___ } from I - pa - ne - ma goes walk - ing, and when ___
    { hand - some, the boy ___ }

{ she } pass - es I smile, ___ but { she } does - n't see.
{ he }   { he }

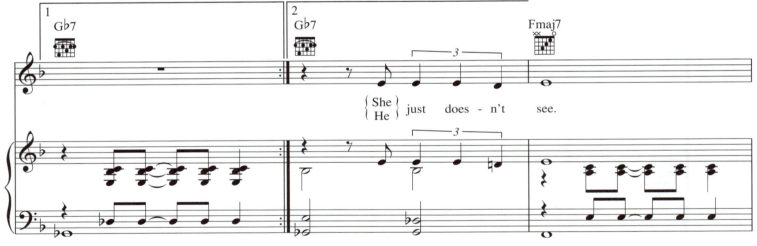

{ She } just does - n't see.
{ He }

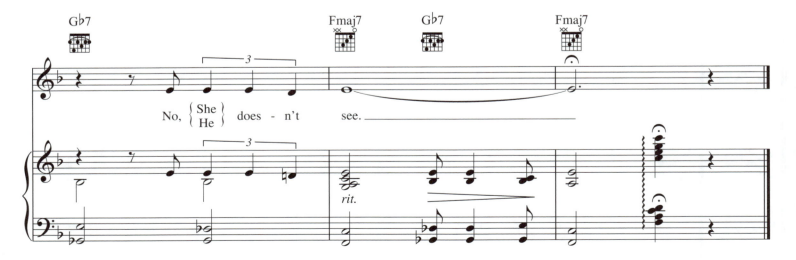

No, { She } does - n't see. ___
     { He }

rit.

YOUR SMILING FACE

Words and Music by
JAMES TAYLOR

* Move capo to 4th fret.

18

* Move capo to 6th fret.

ESTATE

Music by BRUNO MARTINO
Lyrics by BRUNO BRIGHETTI

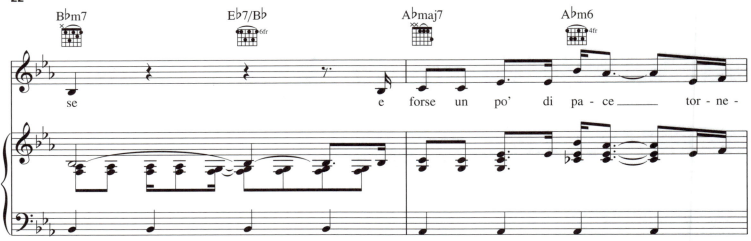

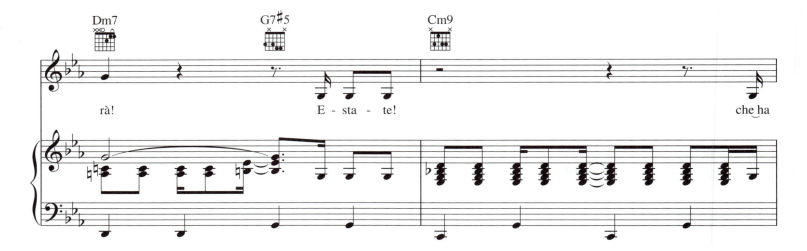

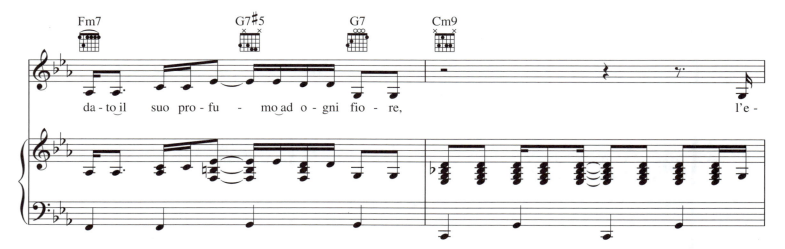

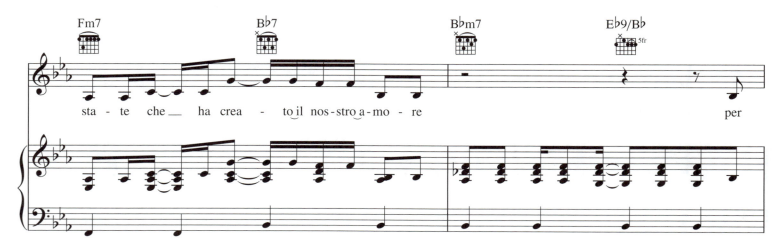

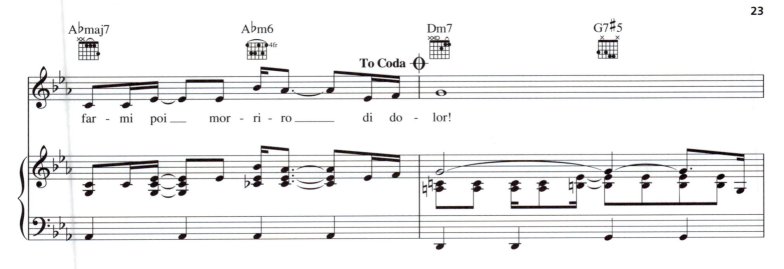

far - mi poi___ mor - ri - ro ___ di do - lor!

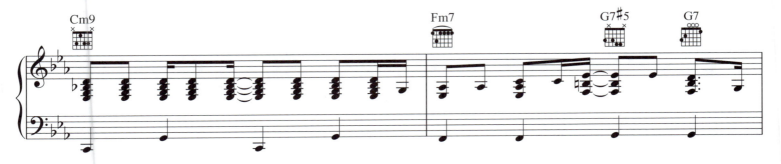

E -

lor!

E - sta - te!

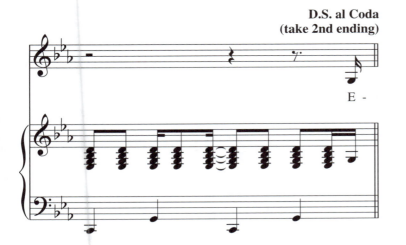

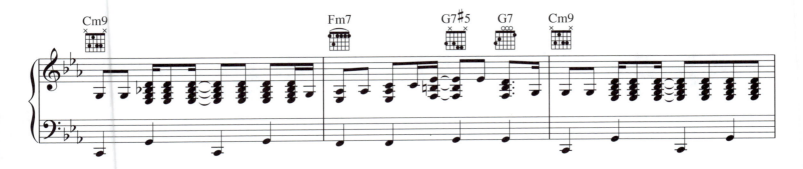

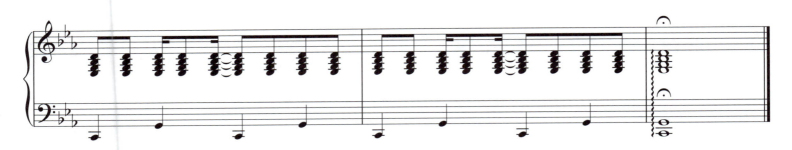

DESAFINADO
(Off Key)

English Lyric by GENE LEES
Original Text by NEWTON MENDONCA
Music by ANTONIO CARLOS JOBIM

your part _____ is e - ven if ___ I'm out ___
pre - ssente _____ é que os ___ de - sa - fi - na -

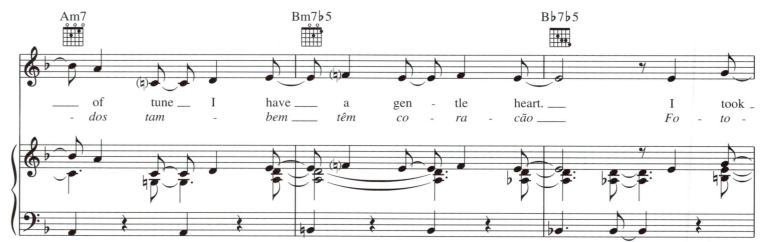

___ of tune ___ I have ___ a gen - tle heart. ___ I took ___
- dos tam - bem ___ têm co - ra - ção ___ Fo - to -

___ your pic - ture with ___ my trust - y Rol - lei - flex. ___
- gra - fei ___ vo - cê ___ na mi - nha Rol - lei - flex ___

And now all I have ___ de - vel - oped is ___ a com -
re - ve - lou-se a su - a e - nor ___ me in - gra - ti - dão

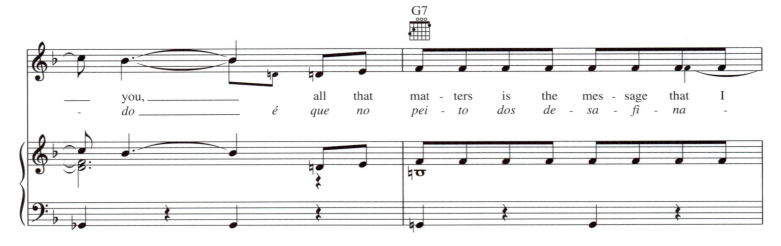

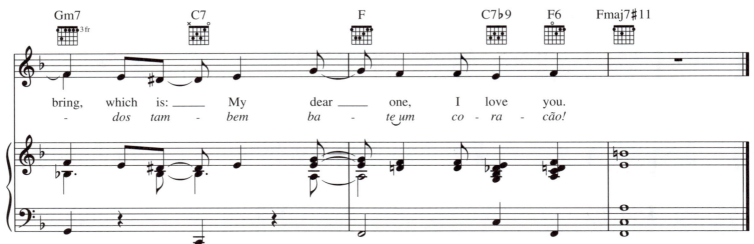

AQUELAS COISAS TODAS
(All Those Things)

By TONINHO HORTA

Medium Samba

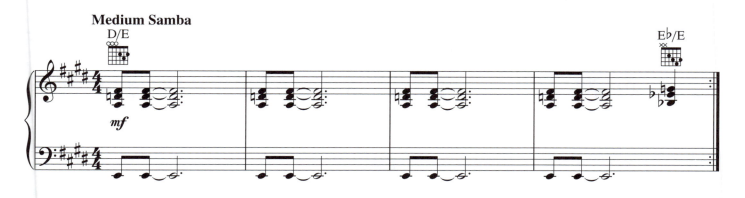

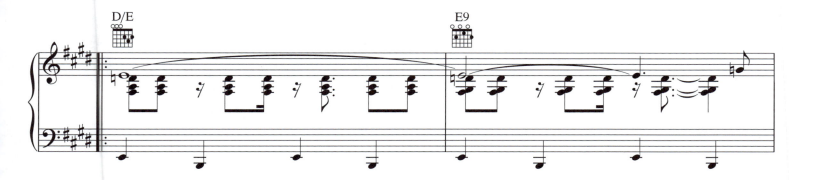

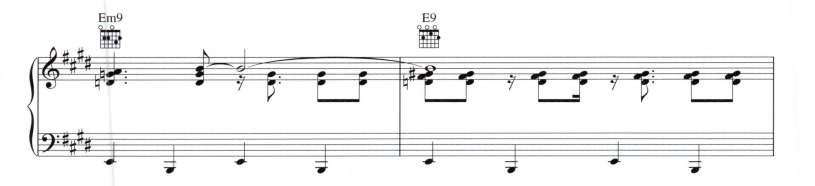

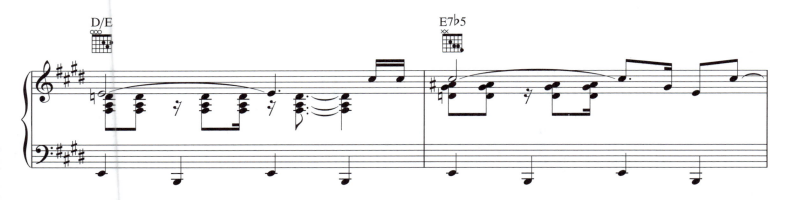

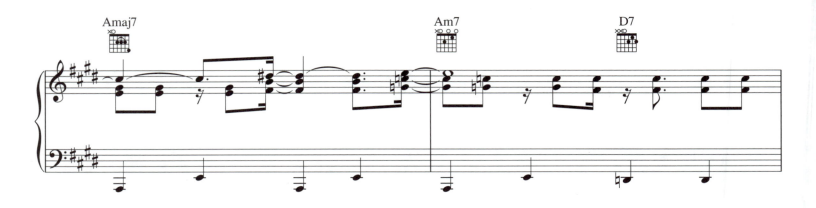

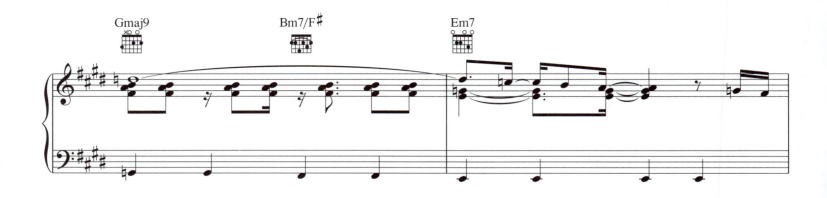

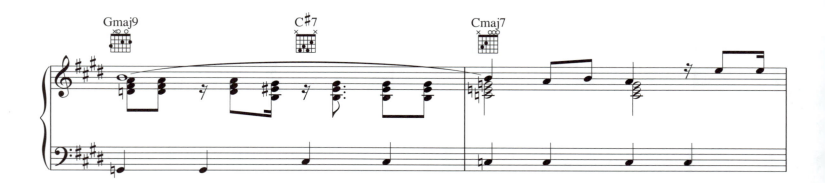

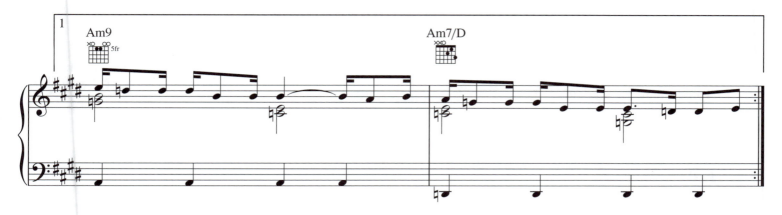

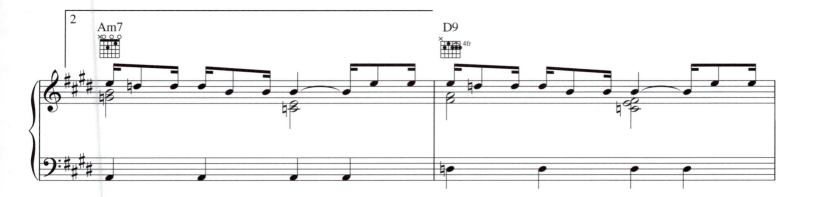

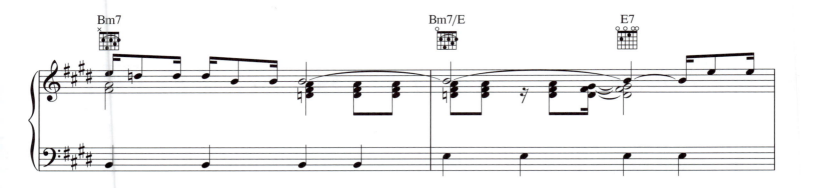

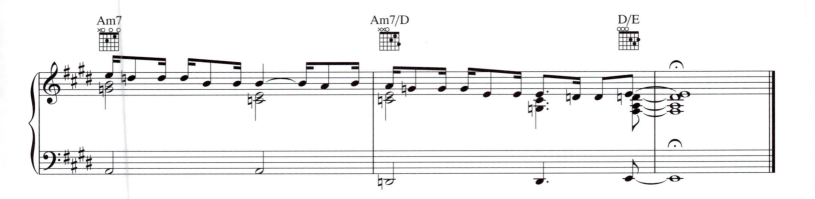

I REMEMBER

Words and Music by
STEPHEN SONDHEIM

FRANCESCA

By JOHN PIZZARELLI

Medium Bossa

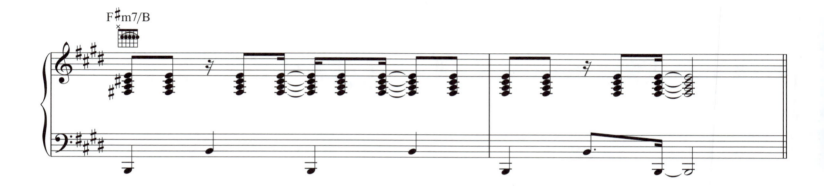

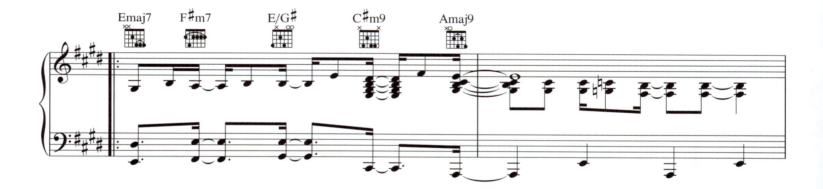

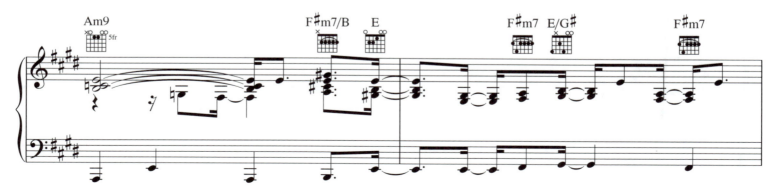

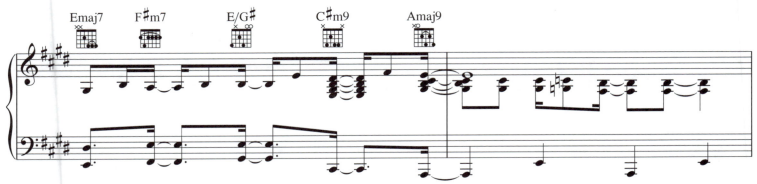

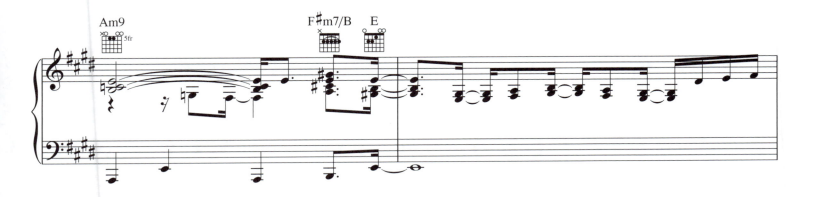

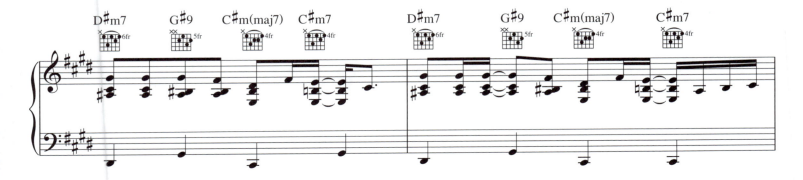

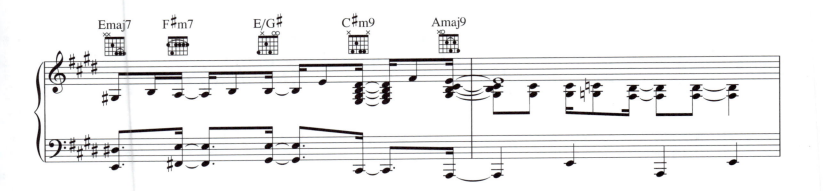

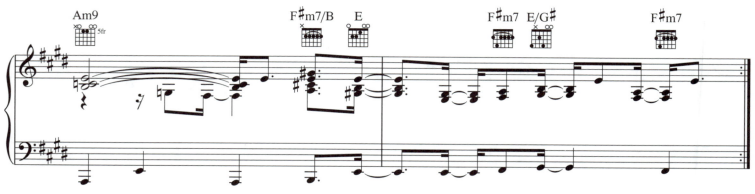

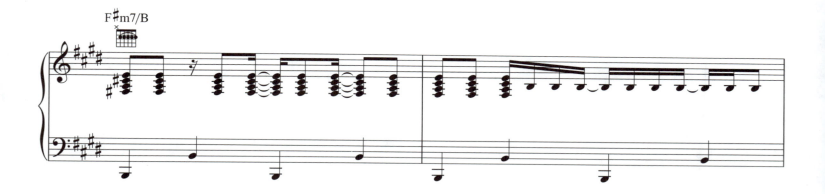

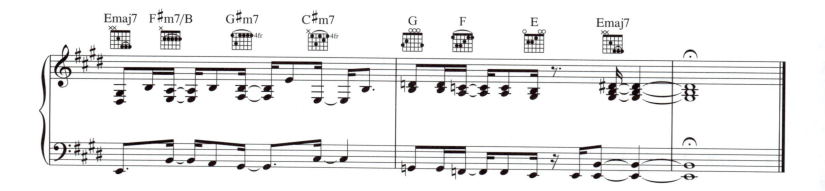

LOVE DANCE

By IVAN LINS, GILSON PERANZETTA,
PAUL WILLIAMS AND VITOR MARTINS

Lyrics:
1. From too___ much talk___ to si - lent touch - es,___ sweet touch - es.___
2. We loved,___ we slept,___ we left___ the lights on.___ The night's gone___

We turned our hearts___ to love,___ then tried___
and morn - ing finds___ us caught_ in life's_

SÓ DANÇO SAMBA
(Jazz 'n' Samba)

English Lyric by NORMAN GIMBEL
Original Text by VINICIUS DE MORAES
Music by ANTONIO CARLOS JOBIM

ÁGUAS DE MARÇO
(Waters of March)

Words and Music by
ANTONIO CARLOS JOBIM

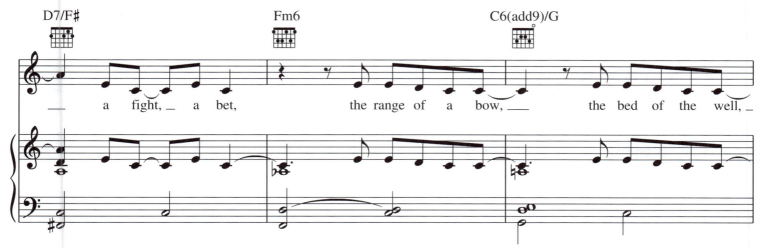

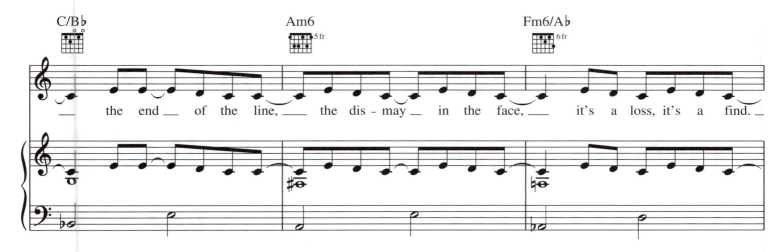

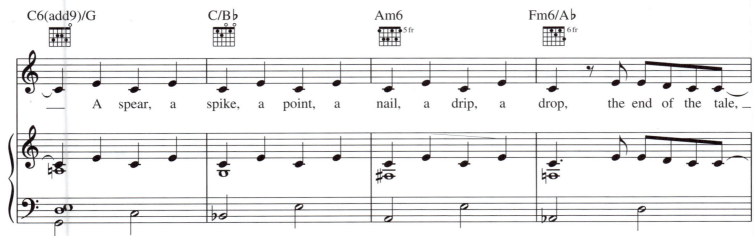

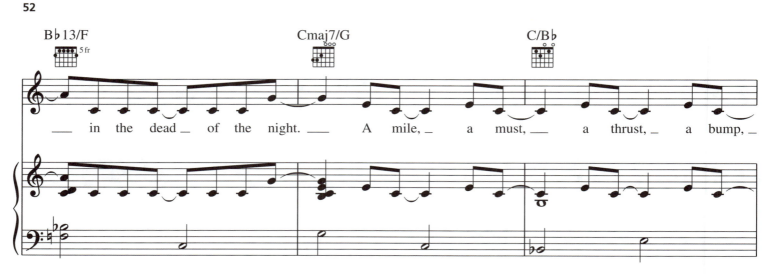

in the dead ___ of the night. ___ A mile, ___ a must, ___ a thrust, ___ a bump,

___ it's a girl, it's a rhyme, ___ it's a cold, ___ it's the mumps. ___ The plan of the house, ___

___ the bod-y in bed, ___ and the car that got stuck, ___ it's the mud, ___ it's the mud. ___

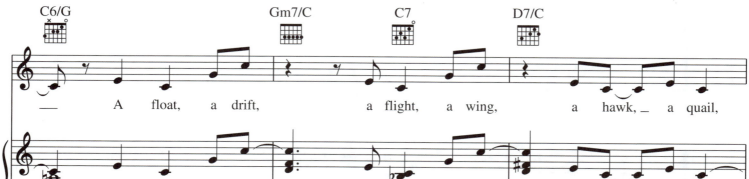

___ A float, a drift, a flight, a wing, a hawk, ___ a quail,

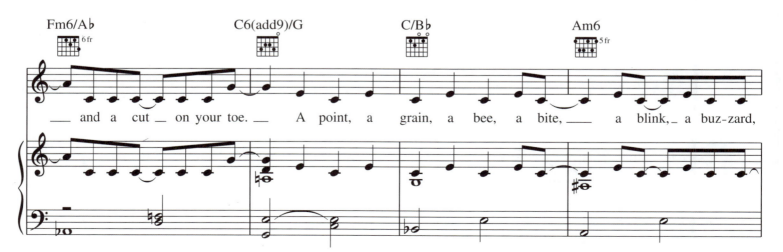

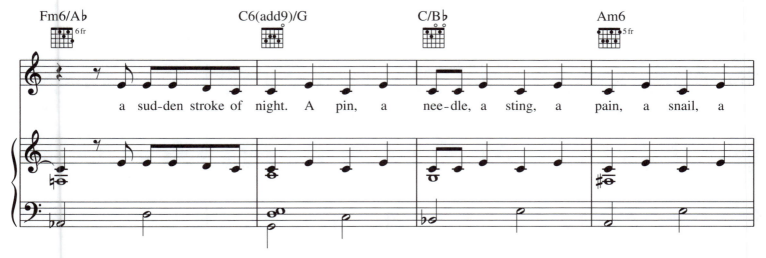

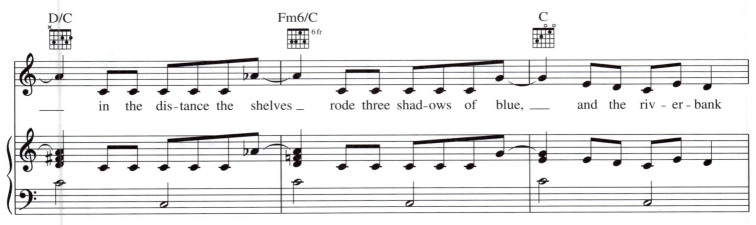

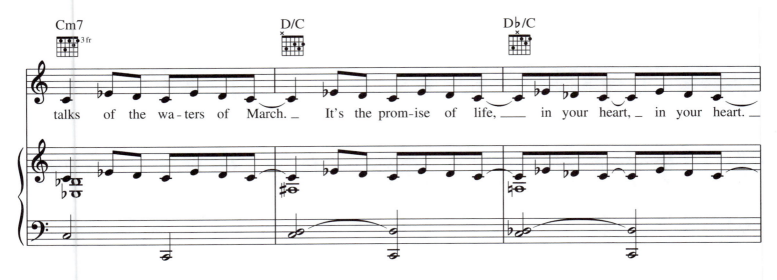

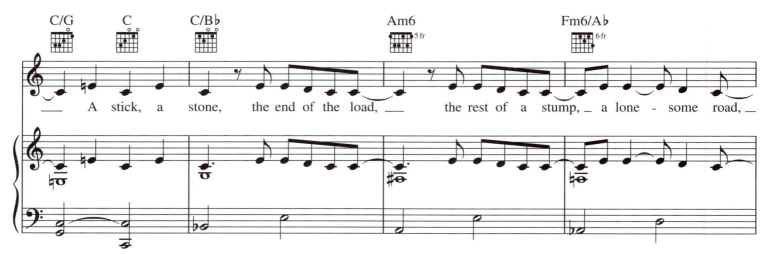

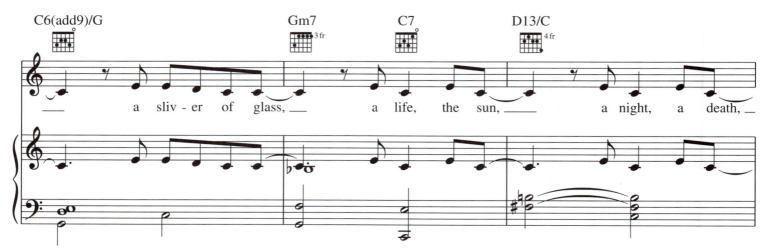

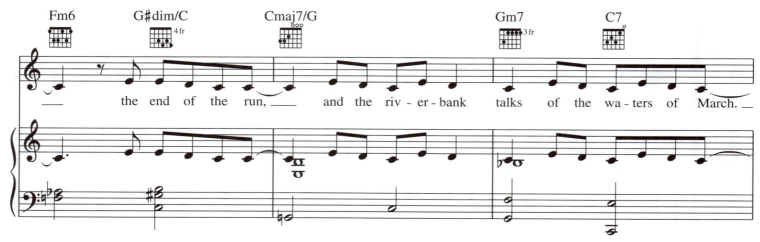

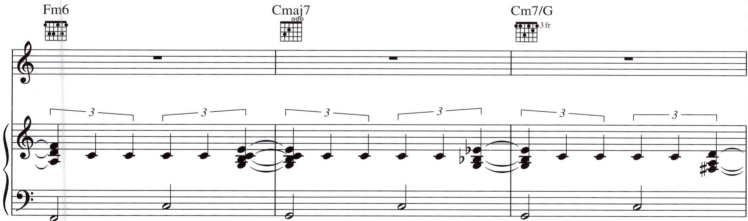

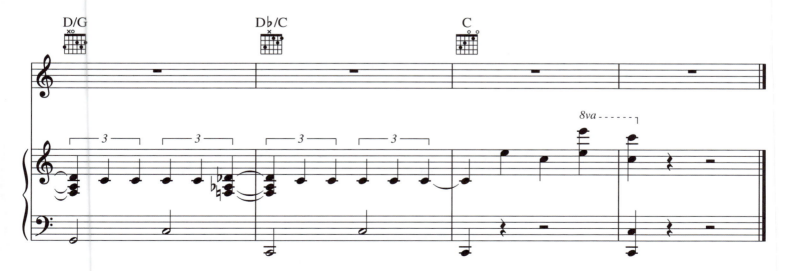

Portuguese Lyrics

É pau, é pedra, é o fim do caminho.
É um resto de toco, é um pouco sozinho.
É um caco de vidro, é a vida, é o sol.
É a noite, é a morte, é o laço é o anzol.
É peroba do campo, é o nó na madeira.
Caingá, candeia, é o matita - pereira.

É madeira de vento, rombo da ribanceira.
É o mistério profundo, é o queira ou não queira.
É o vento ventando, é o fim da ladeira.
É aviga, é o vão, festa da cumeeira.
É a chuva chovendo, é conversa ribeira.
Das águas de março, é o fim da canseira.

É o pe, é o chão, é a marcha estradeira.
Passarinho na mão, pedra de atiradeira.
É uma ave no céu, uma ave no chão.
É um regato, é uma fonte, é um pedaço de pão.
É o fundo do poço, é o fim do caminho.
No rosto o desgosto, é um pouco sozinho.

É um estrepe, é um prego, é uma ponta, é um ponto.
É um pingo pingando, é uma ronta, é um conto.
É um peixe, é um gesto é uma prata brilhando.
É a luz de manhã, é o tijolo chegando.
É a lenha, é o dia, é o fim da picada.
É a garrafa de cana, o estilhaço na estrada.

É o projeto da casa, é o corpo na cama.
É o carro enguiçado, é a lama, é a lama.
É um passo, é uma ponte, é um sapo, é uma rã.
É um resto de mato na luz da manhã.
São as aguas de março fechando o verão.
É a promessa de vida no teu coração.

É pau, é pedra, é o fim do caminho.
É um resto de toco, é um pouco sozinho.
É uma cobra, é um pau, é João, é José.
É um espinho na mão, é um corte no pé.
São as águas de março fechando o verão.
É a promessa de vida no teu coração.

É pau, é pedra, é o fim do caminho.
É um resto de toco, é um pouco sozinho.
É um passo, é uma ponte, é um sapo, é uma rã.
É um belo horizonte, é uma febre terçã.
São as águas de março fechando o verão.
É a promessa de vida no teu coração.

É pau, é pedra é o fim do raminho.
É um resto de toco, é um pouco sozinho.
É um caco de vidro, é a vida, é o sol.
É a noite, é a morte, é o laço, é o anzol.
São as águas de março fechando o verão.
É a promessa de vida no teu coração.

SOARES SAMBA

By JOHN PIZZARELLI

Medium Samba

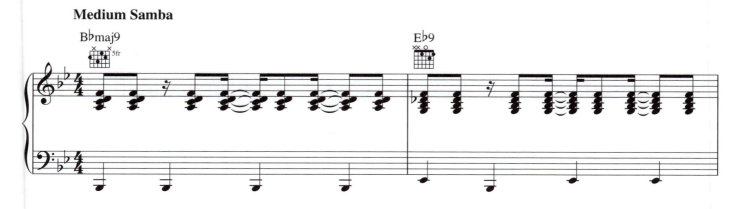

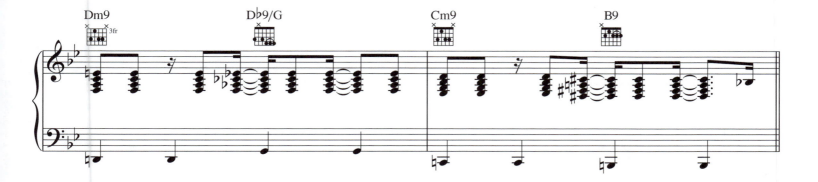

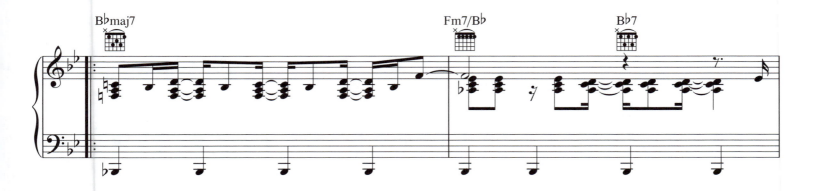

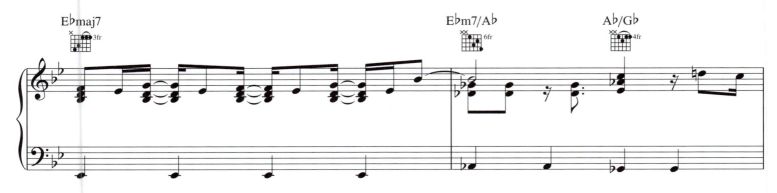

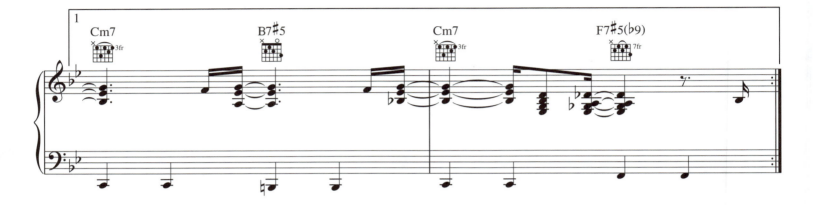

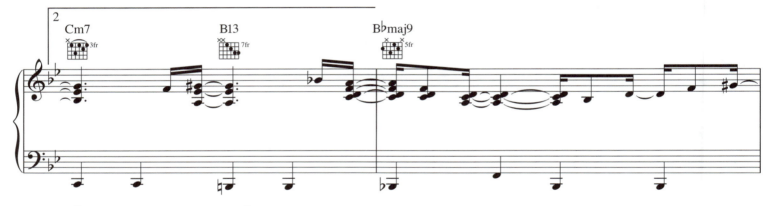

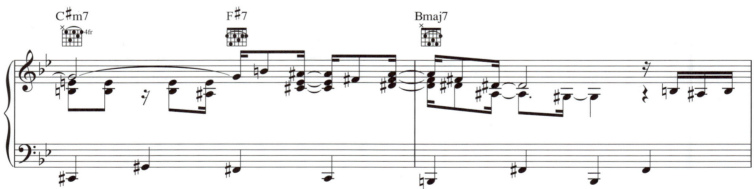

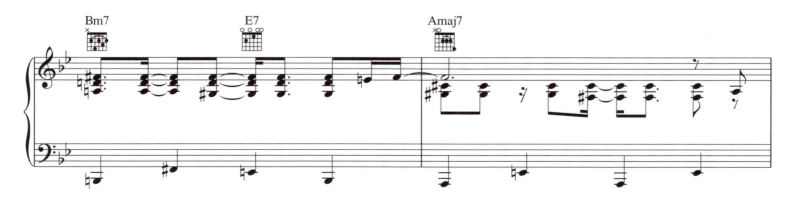

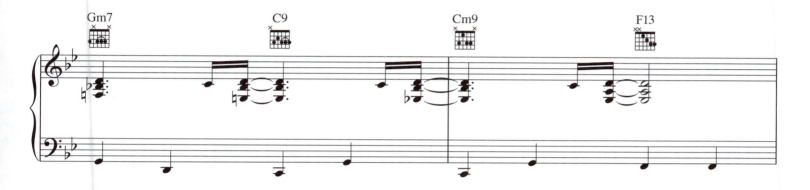
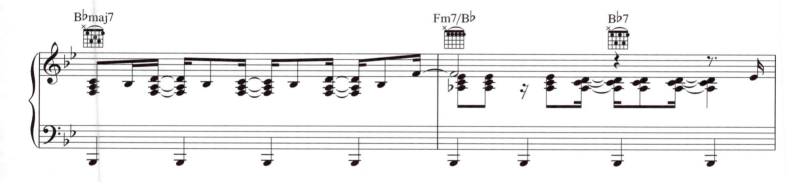
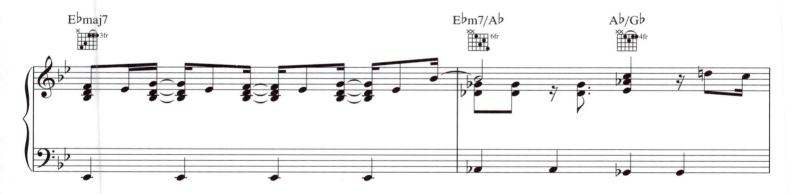
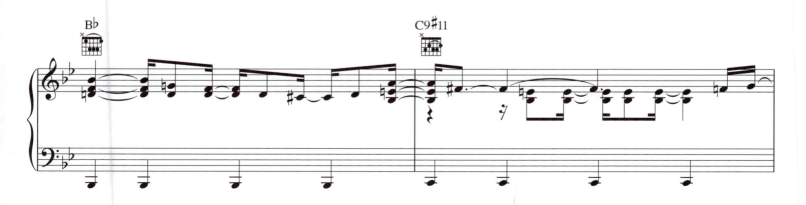

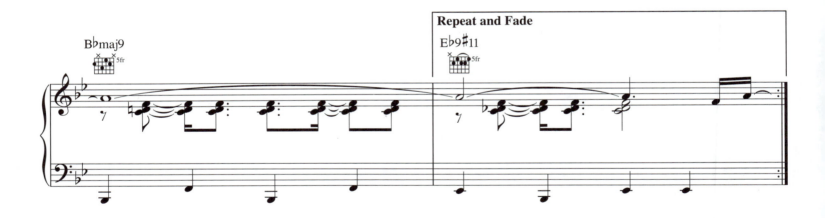

Repeat and Fade

Optional Ending

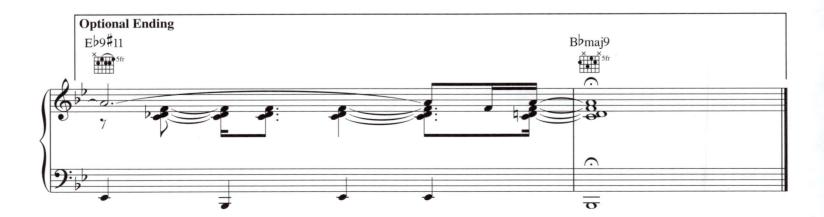

contents

ONE NOTE SAMBA
(Samba de uma nota so)

Original Lyrics by NEWTON MENDONCA
English Lyrics by ANTONIO CARLOS JOBIM
Music by ANTONIO CARLOS JOBIM

Lightly, with movement

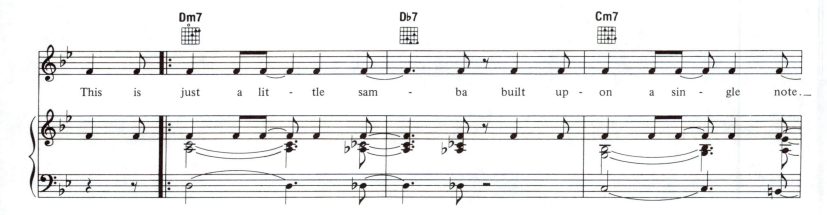

This is just a lit-tle sam-ba built up-on a sin-gle note.

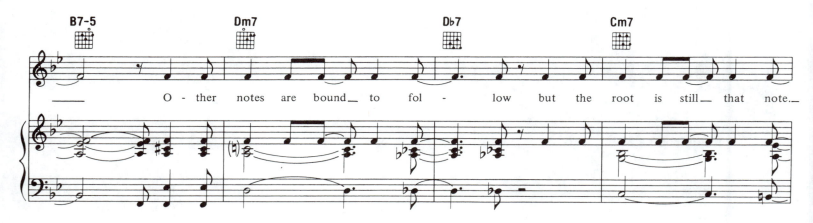

O-ther notes are bound to fol-low but the root is still that note.

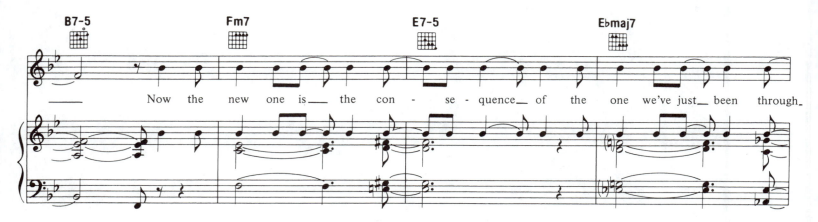

Now the new one is the con-se-quence of the one we've just been through